Jorge Pimentel Cintra

DEUS
E OS CIENTISTAS

3ª edição

Conheça nossos clubes

Conheça nosso site

@editoraquadrante
@editoraquadrante
@quadranteeditora
Quadrante

São Paulo
2024

Copyright © 1990 Quadrante Editora

Dados Internacionais de Catalogação na Publicação (CIP)

Cintra, Jorge Pimentel
   Deus e os cientistas / Jorge Pimentel Cintra — 3ª ed. — São Paulo : Quadrante, 2024.

   ISBN: 978-85-7465-716-5

   1. Cristianismo 2. Deus – Existência 3. Religião e ciência I. Título

CDD-215

Índice para catálogo sistemático:

1. Religião e ciência 215

Todos os direitos reservados a
QUADRANTE EDITORA
Rua Bernardo da Veiga, 47 - Tel.: 3873-2270
CEP 01252-020 - São Paulo - SP
www.quadrante.com.br / atendimento@quadrante.com.br

SUMÁRIO

Introdução	5
A gênese de uma oposição.....................	7
E o positivismo continua…	11
O reducionismo cientificista	15
As teorias e os fatos...............................	21
O mecanicismo ou a fé na ciência	25
O racionalismo e a pretensão de clareza total......................	31
A autodestruição da ciência	37
Ciências exatas e ciências humanas............	43
Ciência e filosofia...................................	50
Ciência e religião....................................	60
Confusões	69
Cientistas ateus?....................................	72
Por que existem ateus?	83
Humildade intelectual	89
Ciência e cristianismo.............................	93
Conclusão	99

DEUS E OS CIENTISTAS

Introdução

No dia 20 de julho de 1969, o homem pisava pela primeira vez a superfície lunar. Milhões de pessoas em todo o mundo puderam acompanhar ao vivo, pela televisão, esse acontecimento, que foi considerado por muitos como o mais importante do século.

No entanto, alguns locutores da TV brasileira, não me lembro de que canal, no afã de ressaltar a importância do evento, começaram a tecer comentários desprovidos do menor bom senso. Diziam que o feito iria ter profundas consequências políticas, sociais e religiosas, e concretamente um deles perguntava ao seu colega: "E a religião, como é que fica?" Logo depois, o mesmo comentarista admirou-se profundamente com "uma estranha força" que puxava Neil Armstrong para trás; o seu companheiro de transmissão aventou a hipótese de que poderia ser a pesada mochila que esse astronauta trazia às costas, ao que o primeiro, intuindo algum deslize da sua parte, retrucou: "É..., vai ver que é isso mesmo".

O episódio não tem nada de especial, mas é uma amostra do que muitas vezes acontece. A ciência realizou e continua realizando admiráveis conquistas: uma melhor compreensão do mundo em que vivemos e um crescente domínio da natureza que nos circunda por meio da técnica. E então alguns, ébrios de entusiasmo, perdem o senso crítico e acabam por fazer elucubrações absolutamente fora de propósito.

O tempo passou. A religião ficou como estava e a força da gravidade também, atraindo mochilas tanto aqui como na lua. Mas continuamos a presenciar a intromissão — muitas vezes ingênua, e em boa parte irresponsável — de amadores e até de profissionais da ciência, em campos que lhes são alheios, em especial no da religião.

A gênese de uma oposição

De forma orquestrada ou não, o fato é que às vezes se tenta "passar a imagem" de que todo cientista — protótipo do homem esclarecido e inteligente — é ateu; de que as suas pesquisas "científicas" (acentue-se o tom de voz nesta palavra) levam à conclusão de que Deus não é necessário para explicar o universo; e de que, por outro lado, o povo — desprovido de instrução e, portanto, ignorante — continua a recorrer à ideia de Deus para explicar tudo o que ignora. Daí a dizer que Deus e a religião não constituem senão uma explicação fácil para o que a ciência ainda não conseguiu explicar, só vai um passo: à medida que a ciência for avançando — dizem —, a religião irá recuando, até acabar por desaparecer completamente.

Para chegar às raízes dessa atitude, devemos remontar-nos ao positivismo, doutrina elaborada pelo filósofo francês Augusto Comte (1798-1857). Preocupado com as convulsões da época, originadas pelo caos político e social que se seguiu à Revolução francesa, Comte aderiu aos movimentos socialistas do seu tempo, notadamente às ideias de Saint-Simon, de quem foi discípulo e secretário. No entanto, não demorou a romper com o mestre, elaborando a sua própria teoria para explicar as causas da desordem social reinante e para sugerir alguns remédios. O seu diagnóstico cristalizou-se numa teoria geral das sociedades, que ficou conhecida em filosofia como *Lei dos três estados*.

De acordo com Comte, a humanidade teria atravessado três fases ou períodos de desenvolvimento. O primeiro seria o estado teológico, em que o homem procurava explicar os fenômenos da natureza — o trovão, a fúria dos oceanos, os ventos etc. — recorrendo a seres sobrenaturais e fazendo uso abundante da imaginação. Passando pelo fetichismo (adoração de elementos da natureza) e pelo politeísmo, teria por fim chegado ao monoteísmo. O apogeu desse estágio seria representado pelo catolicismo, e o principal expoente dessa era seria São Tomás de Aquino.

O segundo, o estado metafísico, teria aperfeiçoado o anterior, substituindo as divindades mitológicas ou os decretos divinos por entidades metafísicas: causa e efeito, substância e acidentes, corpo e alma, e outras do mesmo gênero. Continuava a haver, diz Comte, um predomínio da imaginação sobre a razão, mas a explicação das coisas já não vinha de fora (dos deuses e cia.), e sim de dentro das próprias coisas. Este estágio corresponderia ao apogeu das explicações filosóficas, tendo Descartes como representante máximo.

A terceira etapa, o estado positivo, ainda não havia sido implantada, afirma Comte, e essa seria a causa do caos em que se encontrava a sociedade do seu tempo. Sentia-se a falta de um princípio unificador, capaz de dar solidez às estruturas sociais. E quem haveria de ser o profeta dos novos tempos, capaz de fazer o que São Tomás e Descartes tinham feito pelas suas épocas? Evidentemente, nenhum outro senão o próprio Augusto Comte.

Com efeito, o filósofo francês acreditava ter inaugurado uma nova era, em que a ciência positiva regeneraria toda a sociedade. Deixando de lado a imaginação, a razão pura estudaria tão-somente os fatos observados, os fatos positivos, que nos trariam a verdade em todos os âmbitos; e assim, com demonstrações seguras e inquestionáveis, não haveria lugar para discussões e todos os homens se poriam de acordo, não havendo espaço para dissensões ou partidarismos. Acabariam todas as guerras e desordens sociais.

Mais adiante veremos o desenlace de toda esta teoria; em todo o caso, ao contemplarmos a sociedade dos nossos dias, não é difícil verificar que essa proposta ou não foi aplicada, ou não obteve o resultado esperado. E a explicação está, como também veremos, em que os fatos positivos, as leis, a ciência e a técnica só resolvem alguns poucos problemas da humanidade, deixando de lado grandes e importantes temas cuja resposta só pode vir de outros campos do conhecimento, dessa filosofia e dessa religião que foram sumariamente rejeitadas por Comte.

E o positivismo continua...

Já vão longe os dias — mais de cento e cinquenta anos — em que Comte propôs a sua doutrina. De lá para cá, floresceram, no entanto, diversas versões do positivismo, cada uma das quais escolheu uma ciência particular como centro das atenções. Darwin aplicou esses princípios ao campo da biologia, dando origem ao evolucionismo, que tenta explicar o aparecimento das espécies sem recorrer de forma alguma a Deus. Durkheim aplicou os métodos positivistas ao estudo da sociologia, criando o que poderíamos chamar a "sociometria". Dewey aderiu à lei dos três estados; William James foi o fundador do pragmatismo americano, que também tem as suas origens em Comte; Renan estendeu os pressupostos positivistas à interpretação da Bíblia e à religião; Bertrand Russel criou o positivismo lógico, Hans Kelsen o positivismo jurídico, Wittgenstein o neopositivismo, Saussure e Lévi-Strauss uma variante do positivismo na antropologia e na linguística: o estruturalismo; e assim por diante.

Também não faltam nos nossos dias os discípulos tardios do positivismo, como Carl Sagan, físico da NASA que se tornou célebre por um seriado televisivo sobre a origem do universo. Diz, por exemplo, este autor: "Somos, quase todos, descendentes de povos que responderam aos princípios da existência inventando histórias sobre deidades imprevisíveis ou descontentes. Por muito tempo, o instinto humano da compreensão (entenda-se o espírito científico) foi frustrado por explicações religiosas fáceis, como na Grécia, no tempo de Homero, quando havia deuses do céu e da terra, a trovoada, os oceanos e o submundo, o fogo, o tempo, o amor e a guerra, onde toda árvore e prado possuíam o seu duende e o seu gnomo [...]. Por milhares de anos os seres humanos foram oprimidos, como o somos ainda alguns, por uma noção de que o universo é uma marionete cujos cordões são movidos por deuses e deusas, invisíveis e inescrutáveis".

A seguir, descreve o nascimento da ciência, concluindo: "Foi assim que a grande ideia surgiu, a conscientização de que deveria haver um meio de se saber do mundo sem a hipótese divina, de que deveriam existir princípios, forças, leis da natureza através dos quais o mundo podia ser compreendido sem se atribuir a queda de cada pardal à intervenção direta de Zeus".[1]

Não faltam, portanto, nos nossos dias, pessoas que sustentam a teoria de que a ciência nasce quando o homem se liberta das ideias religiosas, causa crônica do atraso científico. E o positivismo, de alguma forma, sempre tem o seu atrativo, na medida em que traduz uma ânsia interior de todo homem: a busca da clareza, da compreensão, da explicação de toda a realidade que nos cerca e dos enigmas à nossa volta a respeito da natureza, da vida, do homem e de Deus. E a tentação fácil, reforçada pelas conquistas reais da técnica, é pensar que todas as respostas virão através da ciência.

O reducionismo cientificista

O cientificismo é, portanto, aquela atitude filosófica (por mais que se queira chamar científica, não o é) que procura reduzir todo o âmbito do saber à ciência experimental, negando a validade de qualquer outro tipo de conhecimento, venha de onde vier, principalmente da metafísica e da religião. Tende, por isso, a adotar uma posição materialista, que nega a existência de qualquer realidade que ultrapasse os sentidos humanos, e a levar em conta unicamente as forças físico-químicas como causa explicativa de todos os fenômenos. Esta atitude, objetiva e científica na aparência, constitui no fundo um enorme reducionismo, a exaltação de um aspecto da realidade certamente verdadeiro, mas não o único.

Uma conhecida historieta pode servir-nos para ilustrar a questão. Trata-se da reação de cinco cegos que se põem a apalpar um elefante para descobrir o que é: o primeiro apalpa a tromba e afirma que se trata de uma cobra; o segundo, o dente de marfim e diz que é uma espada; o terceiro, uma perna e acredita que é uma árvore; o quarto, o costado e pensa que se trata de uma parede; e o último, a cauda e jura que é um espanador de pó. Estão todos tirando conclusões sem fundamento? Não, apenas estão captando um aspecto parcial da realidade e, por extrapolação, tomam-no pelo todo.

Ao longo da história, houve várias tentativas reducionistas de privilegiar uma ciência em detrimento das outras; é o que Gilson analisa na sua obra *A unidade da experiência filosófica*, dedicando um capítulo a cada tentativa: o logicismo de Pedro Abelardo, o teologismo de alguns autores medievais, o matematicismo cartesiano, o fisicismo de Kant, o sociologismo de Comte, o economicismo de Marx etc. A lista poderia ser ampliada, por exemplo com o pansexualismo de Freud, e cada caso poderia dar origem a um estudo particularizado, mas o mais flagrante, que vale a pena analisar com mais detalhe, é o de Descartes (1596-1650).

Esse filósofo, que estudou com os jesuítas em La Flèche e se entusiasmou desde o início com as matemáticas do pe. Clavius, é sem sombra de dúvida um gênio da matemática, e bastaria a sua geometria analítica para colocá-lo entre os grandes nomes da ciência de todos os tempos. Mas o vinho do entusiasmo intelectual subiu-lhe à cabeça, e o filósofo francês empreendeu uma tarefa muito arriscada: extrapolar o método matemático, que tão bons resultados produzira, para todos os âmbitos do saber.

Já o pe. Clavius, considerado o Euclides dos tempos modernos, havia afirmado que "não há dúvida de que às matemáticas corresponde o primeiro lugar entre as ciências",[2] afirmação ousada e perigosa para um homem como Descartes, que, preocupado em libertar-se do ceticismo, procurava uma certeza fundamental que servisse como ponto de apoio indiscutível para a construção de todo o seu sistema. A partir do momento em que tomou conhecimento das obras de Clavius, puderam-se ler nas suas obras muitas expressões como esta: "Não devemos ocupar-nos de nenhum objeto em que não possamos alcançar uma certeza igual à das demonstrações da aritmética ou da geometria".[3]

A primeira aplicação do seu novo método foi a tentativa de construir uma biologia matemática, que o levou à conclusão de que os animais são simples máquinas — afirmação naturalmente contestada por seu contemporâneo La Fontaine, em cujas fábulas os animais tinham características opostas, isto é, adquiriam vida, personalidade e reações humanas...

A seguir, veio a aplicação à ética que, *more geométrico demonstrata* (demonstrada de forma matemática), poderia indicar o caminho da realização humana por meio de fórmulas e equações.

Na física, naturalmente, a aplicação desse método foi mais fácil, mas nem por isso as coisas correram bem ao matemático francês: devido ao fato de ter elaborado essa ciência totalmente a priori, sem contar com a realidade, os resultados foram pouco expressivos, e a contribuição de Descartes neste campo é desprovida de valor substancial, como o demonstrou Leibniz.

No campo da teologia natural, Descartes julgava ser possível uma demonstração geométrica da existência de Deus.[4] Efetivamente, numa carta ao seu amigo Mersenne (novembro de 1630), escreve: "Quanto a mim, prezo-me de ter encontrado uma prova da existência de Deus que considero totalmente satisfatória, e pela qual sei que Deus existe com muito mais certeza do que conheço a verdade de qualquer proposição geométrica". Na verdade, a sua prova era uma variante menos elaborada de um argumento bastante antigo e conhecido, que já São Tomás de Aquino, no século XIII, havia descartado como argumento demonstrativo da existência de Deus.*

Finalmente, aventurou-se a "uma medicina baseada em demonstrações infalíveis", conforme expressão utilizada em outra carta a Mersenne (1630). Com a aplicação do método matemático à medicina — demonstrações perfeitas e sem erro —, Descartes pretendia realizar racionalmente aquilo que tinha sido um dos grandes sonhos do mundo antigo e medieval e, por que não?,

---

* O raciocínio de Descartes pode ser incluído entre os argumentos ontológicos, isto é, aqueles que pretendem demonstrar a existência de Deus a partir da ideia que dEle temos. São Tomás mostrou que não é lícito passar da ordem ideal, da ideia de Deus, à ordem real; da existência de algo na mente não é possível concluir a sua existência na realidade. Para demonstrar a existência de Deus, necessitamos ir dos efeitos à causa, partir das criaturas existentes na realidade para chegar ao Criador.

do moderno: a fonte da juventude. Uma medicina matemática haveria de permitir-nos viver para sempre, coisa que Descartes decerto almejava...; mas o tempo foi passando e parecia-lhe que a morte começava a ganhar a corrida contra o relógio. Tentou então um último e desesperado recurso, cometendo um erro "imperdoável": passar por cima das suas próprias recomendações metodológicas e enveredar por uma "medicina abreviada", antes de ter completado a física, para obter através desse atalho um suplemento de vida, uns 30 ou 40 anos, e assim completar a sua tarefa. Não é preciso dizer quem ganhou a corrida; a morte chegou a seu tempo, a onze de fevereiro de 1650, depois de uma pneumonia aguda.

As teorias e os fatos

No entanto, a falha mais surpreendente de Descartes em matéria científica[5] está relacionada com William Harvey

(1578-1658), o descobridor da circulação sanguínea, cujos trabalhos teóricos e práticos são um exemplo de rigor metodológico e de demonstração científica bem conduzida. Consciente do alcance e das limitações do seu trabalho, Harvey era um modelo de cientista, não só quando falava daquilo que conhecia, mas também quando silenciava sobre as matérias que não dominava.

O mundo culto da época pôde então assistir a um surpreendente espetáculo: Descartes, que nunca fizera o menor trabalho prático sobre medicina e muito menos sobre a circulação sanguínea, escreveu uma carta ao seu descobridor dizendo como é que ela deveria ser e apresentando como argumento uma série de complicadas deduções matemáticas. Mas as correções que sugeria apresentavam tantos erros quantas eram as novas propostas de explicação. Nas palavras de Gilson,[6] "nunca um método tão cegamente seguido levou a conclusões tão claramente errôneas".

O cartesianismo, como doutrina, fracassou. Mas o seu espírito continuou firme e vigoroso nas teorias de muitos que, embriagados pelos êxitos da ciência, desejavam e ainda hoje desejam uma sociometria, uma econometria e outras formas de transformar a liberdade humana, os sentimentos, a criatividade e a inspiração numa questão de números, fórmulas e equações. Podemos ler, por exemplo, na introdução de certo Atlas de história: "Sendo a história um ramo das ciências biológicas (sic), a sua expressão última deve ser matemática",[7] ousadia que nem Descartes tentou.

No mesmo sentido, é bem recente o caso de Stephen Hawking, físico britânico dos nossos dias que, sentado numa cadeira de rodas e comunicando-se com o mundo através de um computador, pretende "conhecer a mente de Deus" e, para isso, perde-se em labirintos intelectuais e teorias matemáticas, a ponto de colocar em pé de igualdade o tempo imaginário (simples construção matemática) e o tempo real: "Talvez o que chamamos tempo imaginário seja realmente o mais concreto, e o que chamamos real seja apenas uma ideia que inventamos para nos ajudar a descrever o que pensamos do universo [...]. Não tem sentido perguntar o que é verdadeiro, se o tempo "real" ou o imaginário".[8] Depois, continuando nessa linha, admite como plausíveis teorias e hipóteses fantasiosas: as pessoas morreriam antes de terem nascido, poderíamos ver xícaras quebradas refazerem-se... E, baseado em teorias desse estilo, vem dizer-nos que Deus é desnecessário.

O caso de Descartes e Harvey é paradigmático: alguns, apoiando-se no prestígio da ciência, pretendem fazer extrapolações que invadem territórios situados fora do seu âmbito de competência. E o resultado é que acabam formulando estranhas e inverossímeis teorias, não só nos terrenos da religião, mas também nos próprios domínios da ciência. Um homem sensato, diante de questões científico-religiosas aparentemente conflitantes, tomaria a posição de Harvey e não a de Descartes: ater-se-ia à realidade e permaneceria calado diante daquilo que não sabe, em vez de confiar cegamente nas suas próprias opiniões ou preconceitos. Ainda hoje há muitos que, com as suas atitudes, lembram aquele homem que, sem nunca ter visto o mar, elaborou toda uma teoria para aproveitar a energia das marés; e quando um dia pôde, finalmente, ir até à praia e verificou que o oceano não era nada do que ele imaginara, exclamou: "Este mar não me serve".

O mecanicismo ou a fé na ciência

O matematicismo, aplicado às ciências físicas, gerou uma nova doença do espírito humano, também com pretensões totalitárias, que dominou a mentalidade de muitos cientistas até os nossos dias: o mecanicismo, que começou a sua carreira no século XVIII, seguindo as pegadas da astronomia.

Diante da maravilha do Armamento que nos circunda, todos os homens sonharam, filosofaram, emocionaram-se ou simplesmente admiraram e contemplaram. O próprio nome das estrelas evoca algo de mágico e lendário: Sirius, Aldebarã, Canopus, Andrômeda, Antares, Algol, Perseu.

Em prosa e verso, as estrelas são tema constante; Alfred de Vigny, num dos seus poemas, põe na boca de Moisés uma descrição dos poderes que Deus lhe havia concedido: "Eu mando à noite descerrar os véus; / minha boca contou pelo nome as estrelas; / e quando meu gesto o Armamento chama, / cada uma se apressa a dizer: aqui estou". Precisamente esses versos fazem lembrar a mais espetacular conquista da astronomia em termos de previsão: a descoberta do planeta Netuno pelo cálculo.

Le Verrier (1811-1877), astrônomo francês, ao estudar o movimento orbital de Urano, verificou que a sua trajetória não obedecia às previsões dos cálculos matemáticos que tinham em conta a influência dos astros conhecidos. Assim, admitiu a existência de um novo planeta, e calculou a sua massa, a sua órbita e as suas coordenadas celestes. Qual não foi a emoção do astrônomo berlinense Galle quando, na noite de 23 de setembro de 1846, visualizou no seu telescópio um novo corpo celeste, exatamente na posição prevista por Le Verrier! Foi como se o planeta Netuno tivesse respondido aos versos de Vigny: "Chamaram-me? Aqui estou!"[9]

A mecânica e a astronomia conseguiram fazer muitas descobertas e previsões: descreveram trajetórias, calcularam posições no espaço e explicaram fenômenos até então desconcertantes. Mas esse triunfo na compreensão do mundo físico levou alguns a servir-se da mecânica para realizar uma nova generalização, tal como Descartes havia feito com a matemática. Surgiu assim o mecanicismo, doutrina que pretende explicar absolutamente todos os fenômenos com uma clareza meridiana, servindo-se precisamente de explicações mecânicas e concebendo o universo inteiro como um conjunto de máquinas e mecanismos. Muitos aderiram então a um determinismo universal que negava a liberdade humana e a existência de Deus, sem reparar nem mesmo na contradição implícita e elementar que havia em afirmar que o mundo é um relógio, quando ao mesmo tempo se negava a existência do Relojoeiro.

Laplace (1749-1827), adepto desse tipo de cientificismo, ao ver os triunfos da aplicação da mecânica à astronomia, exclamou convicto: "A astronomia, pela dignidade do seu objeto e pela perfeição das suas teorias, é o mais belo monumento do espírito humano, o título mais nobre da sua inteligência".[10] Como produto de uma admiração poética diante da grandeza do Firmamento numa noite estrelada, a frase pode até "passar"; mas, falando francamente e sem enlevos, não resiste a uma análise mais rigorosa.

A perfeição das teorias astronômicas (Laplace referia-se ao rigor matemático dos cálculos) não é maior do que o de qualquer outra ciência física: passados 200 anos, a verdade é que os cálculos astronômicos ainda não explicam perfeitamente nem sequer o movimento dos planetas, apesar da relativa simplicidade dos sistemas estudados pela mecânica celeste e da quase absoluta ausência de atrito e de colisões. Por outro lado, a composição química das estrelas, que são feitas quase que exclusivamente de hidrogênio e hélio, é muito mais pobre do que a de uma simples rosa, quimicamente muito mais rica e variada. Além do mais, a rosa possui uma qualidade que nenhuma estrela possui: a vida.

O próprio Newton (1642-1727), fundador da mecânica, reprovava alguns físicos por "excluírem das suas considerações toda a causa que não seja a matéria pesada, ou imaginarem hipóteses (puras elucubrações mentais sem apoio na realidade) para explicar mecanicamente todas as coisas". E a seguir afirmava que é tarefa da filosofia natural "argumentar a partir dos fenômenos, sem inventar hipóteses, e deduzir causas dos efeitos, até chegar a uma causa verdadeiramente primeira, que certamente não é mecânica".[11] Nesse mesmo texto, faz logo a seguir uma série de perguntas que a ciência mecânica deixa necessariamente sem resposta, e conclui com uma afirmação que ultrapassa os limites daquilo que os nossos contemporâneos aceitariam como ciência: "E sendo essas coisas (a ordem, a beleza e a finalidade que vemos no mundo) corretamente tratadas, não nos mostram os fenômenos que existe um Ser incorpóreo, vivente, inteligente, onipresente, que vê intimamente as coisas no espaço infinito, e as conhece em toda a profundidade, por estarem imediatamente na sua presença? [...] Nesta filosofia, cada verdadeiro passo à frente talvez não nos dê o conhecimento direto da Causa Primeira, mas aproxima-nos dela e, portanto, deve ser convenientemente valorizado".[12] Como afirma Gilson,[13] "Aristóteles e também São Tomás de Aquino teriam aprovado essa conclusão".

É claro que não precisamos, nem devemos, recorrer a Deus para explicar e estudar os acontecimentos do mundo físico. As mecânicas clássica, relativista e ondulatória têm dado boas explicações, ainda que haja muito a esclarecer. Mas querer explicar tudo, mesmo o comportamento humano e a existência do mundo em termos mecânicos, é uma extrapolação indevida e uma atitude que só se sustenta por uma verdadeira "fé" na ciência e na filosofia mecanicista.

O racionalismo e a pretensão de clareza total

Segundo o mecanicismo, a pedra filosofal já não necessitaria de ser procurada como um objeto físico ou como uma receita mágica de alquimia: ela estaria dentro de nós mesmos, representada pela razão e pela ciência. Para os que assim pensavam, nada ficaria por explicar: era apenas questão de tempo. E, com a explicação científica, muito em breve a religião deixaria de existir ou pelo menos deixaria de ser necessária.

No entanto, e sem ir mais longe, nem os próprios mecanicistas se preocuparam com o fato de que até hoje ninguém conseguiu demonstrar o ponto de partida das suas teorias, o axioma de que "tudo tem de ser demonstrado". Com efeito, não se pode querer demonstrar todas as coisas, pois toda a demonstração deve partir de algumas premissas, que por sua vez deveriam ser demonstradas. Mas isso não pode ser levado até o infinito, sob pena de não demonstrarmos nada; assim, deve haver uns primeiros princípios, que, por serem óbvios, são indemonstráveis: que o mundo existe, que o todo é maior do que a parte, que todo o ser é idêntico a si mesmo, e muitos outros, que são chamados os *primeiros princípios* de toda a demonstração.

Novamente é Laplace quem pretende atingir uma compreensão total do mundo através da simulação do universo por meio de um sistema de equações diferenciais em função do tempo. O conhecimento de um estado inicial (a posição e a velocidade de todas as partículas do universo) e a correspondente solução das equações dar-nos-iam o poder de prever o futuro e de conhecer o passado com precisão.[14] Essa pretensão voltou à baila nalgumas afirmações do célebre matemático Henri Poincaré,[15] e hoje o argumento seria modificado para introduzir o método dos elementos finitos e o cálculo por computador.

No entanto, o afã por explicar todas as coisas — "sem mistérios", é o subtítulo que se põe em muitos livros — é uma pretensão que rapidamente se mostra descabida, já que simplesmente esquece dois pequenos detalhes: por um lado, as limitações da ciência e, em última análise, da inteligência humana; e por outro, a riqueza, a imensidão e a inesgotabilidade do mundo real.

Com efeito, os grandes pensadores e cientistas cultivaram sempre uma atitude de humildade intelectual que se baseia no reconhecimento dessa desproporção que existe entre a inteligência e a realidade, e que Shakespeare, no *Hamlet*, resumia assim: "Há mais coisas no céu e na terra (na natureza) do que pode ser sonhado pela nossa filosofia (a nossa razão)".[16]

Aliás, é o que nos dizem os nomes mais ilustres da filosofia e da ciência. Um São Tomás de Aquino, que tão fundo penetrou nos mistérios de Deus, do homem e da criação, é o primeiro a reconhecer que "o nosso conhecimento é tão limitado que nenhum filósofo até hoje conseguiu investigar perfeitamente a natureza de uma só mosca".[17] E o mesmo nos diz Louis de Broglie, prêmio Nobel de física e um dos fundadores da mecânica quântica: "Não há sequer uma ofensiva vitoriosa da ciência que, depois de ter anexado vastos territórios, não venha cedo ou tarde a encontrar recônditas posições de desconhecido".[18]

Mais ainda, a natureza mostra-se de uma riqueza e de uma perfeição quase infinitas, de forma que os cientistas honestos não encontram outra palavra melhor do que mistério para descrever essa nossa "incapacidade" de esgotar completamente a realidade: "O mistério — diz Meyerson — nunca desaparecerá completamente [...]; o que sabemos nunca será mais do que uma pequena ilha no oceano do desconhecido, uma mancha luminosa rodeada de profunda escuridão".[19]

Por isso, não tem sentido a pretensão de clarividência total iniciada por Descartes, prolongada através do século das luzes e atualizada repetidas vezes pelos racionalistas de todos os tempos. Nas teorias mecanicistas, tudo parece tão claro, simples e perfeito que logo se vê que "não pode ser verdade"; a realidade é mais complexa: "Essa perfeição constrange-me — gritava Mallarmé —, tudo é demasiado claro".[20]

A mecânica, depois dos triunfos iniciais, parecia ser capaz de explicar tudo o que acontece no universo, do microcosmos às galáxias. Mas o desmentido veio muito cedo, e não precisamente dos seus pretensos inimigos, a filosofia e a religião; a própria mecânica, e a ciência como um todo, demonstraram a sua insuficiência para explicar até mesmo os fenômenos da natureza, e muitas teorias tidas como verdades dogmáticas tiveram que ser revistas, modificadas ou simplesmente abandonadas. Assim surgiram a teoria da relatividade, a mecânica ondulatória, a física do átomo etc., que modificaram profundamente a ciência estabelecida. Tanto é assim que muitos livros de História da Ciência, após o capítulo sobre "O triunfo da mecânica" nos séculos XVIII e XIX, acrescentam um outro com o título "A falência da ciência", ou algo semelhante. Contrariamente ao que pensavam os mecanicistas, Einstein afirma: "Não há teorias eternas em ciência. Sempre acontece que alguns fatos previstos pela teoria são desaprovados pela experiência".[21]

O resumo de tudo isto é muito claro: à medida que o nosso conhecimento aumenta, mais cresce a convicção de que sabemos muito menos do que imaginávamos e que, mesmo naquilo que sabemos, há uma boa dose de provisoriedade.

A autodestruição da ciência

O paradoxo dessas posições, aparentemente divinizadoras da ciência, é que acabam por levá-la à ruína, como se viu no caso de Descartes, do mecanicismo e do racionalismo; e só se mantêm através de um dogmatismo empedernido. Paradigmático é novamente o caso de Augusto Comte.

Depois de rejeitar a teologia e a metafísica, Comte viu-se obrigado a descartar o *porquê* das coisas para ficar somente com o *como*; as leis, e não as causas, seriam a única explicação válida para qualquer fenômeno. Deveríamos simplesmente olhar para o fato positivo (a coisa em si, tal como está na nossa frente) e tratá-lo através da ciência positiva, que seria constituída principalmente pela matemática e pela física. Foi nesses moldes que Comte criou uma nova ciência, a sociologia, pretendendo fazer dela uma ciência positiva, uma espécie de engenharia social e política.

Aonde levava essa forma de encarar a realidade? Sigamos as pegadas do pai do positivismo, que precisava de um princípio unificador que evitasse a desintegração das ciências e da sociedade. Para isso, recorreu a uma filosofia, já que — segundo ele mesmo — as ciências não nos fornecem nada além de fatos e leis. Mas, para tentar evitar um retorno ao estado metafísico (filosofia), resolveu criar uma "filosofia positiva", que seria a síntese unificadora do conhecimento.

Infelizmente, para fazer essa síntese, teve que impor drásticas reduções às ciências. Num primeiro momento, ficou só com as "ciências teoréticas e abstratas": matemática, astronomia, física, química, biologia e sociologia. As demais, como a mineralogia, a botânica e a zoologia, foram eliminadas por "não interessarem diretamente à humanidade". Mais tarde, submeteu todas as ciências restantes a uma ulterior redução quanto à extensão dos temas tratados: a astronomia ficou reduzida ao estudo da terra ou, no máximo, ao sistema solar; a química, aos compostos presentes no ser humano, e assim por diante, com simplificações arbitrárias e desconcertantes.

Spencer, no seu livro *A classificação das ciências*, protestou contra essa redução: com que direito, ou em nome de quê, se eliminava uma metade dos conhecimentos humanos em benefício da outra? Como justificava Comte tudo isso? Que argumentos racionais poderia aduzir?

Pensando bem, havia chegado a um ponto em que a razão não tinha mais o que dizer, nem como justificar as decisões tomadas. A única razão para regenerar a ciência segundo as necessidades humanas não se encontrava dentro da ciência, nem sequer no âmbito racional; a única justificativa para tal aventura era um sentimento — o amor à humanidade —, coisa que ele reconhece explicitamente: "A vida afetiva [deve ser] o único centro da sua sistematização final. De agora em diante, o positivismo erige, pois, em dogma fundamental, [...] a preponderância contínua do coração sobre o espírito".[22]

Mas a coisa não parou por aí. Depois de promulgar o seu novo dogma positivo, um "amor à humanidade" que se tornaria uma nova religião, Comte viu-se às voltas com uma nova tarefa, a de propagar a nova verdade e implantar a nova ordem social positiva. Uma vez concluídas as suas obras sobre a *Filosofia positiva* e a *Política positiva*, bem como o seu *Catecismo positivista* (que incluía um novo calendário litúrgico), considerou que o passo seguinte deveria ser o estabelecimento de um poder espiritual positivo. A Humanidade tornou-se então, para Comte, um objeto de culto, o deus positivo, o Grande Ser da sua nova religião, com um clero organizado, uma "hierarquia" constituída e um "papa" autoescolhido — ele mesmo. A sociologia dava assim origem à sociolatria, "com o amor por princípio, a ordem como base e o progresso como fim", frase redonda, que não por acaso inspirou os dizeres de alguma bandeira nacional.

Com o passar dos anos, Comte foi, portanto, percorrendo exatamente o caminho inverso dos três estados da humanidade: partindo da ciência, passou pela filosofia (ainda que "positiva"), para acabar na religião; uma triste decadência, se tomarmos ao pé da letra o seu esquema. No fim da vida, sentia-se cada vez mais convencido da "santidade" da sua missão, e acabou numa espécie de "febre mística". Num domingo, 19 de outubro de 1851, como relata Gilson,[23] concluiu um curso com o que ele chamou modestamente "um resumo de cinco horas", cuja memorável conclusão anunciava em tom solene: "Em nome do passado e do futuro, os servos da Humanidade [...] adiantam-se a reclamar para si a direção geral deste mundo, para constituir, finalmente, uma providência real em todos os setores: moral, intelectual e material. Em consequência, arrancam de uma vez para sempre a supremacia política de todos os diversos servidores de Deus, católicos, protestantes ou deístas, por estarem antiquados e serem, ao mesmo tempo, causa de perturbação".[24]

Segundo Stuart Mill, Comte é tão grande como Descartes e Leibniz, que, dentre os grandes cientistas-filósofos, "foram os mais consistentes, e por essa mesma razão, os mais absurdos, já que não recuaram diante de nenhuma consequência, por mais contrária que fosse ao senso comum, se a ela pareciam conduzir as suas premissas".[25]

Conclusão: se se rejeitam a filosofia e a religião por não serem suficientemente científicas para explicar a realidade, acaba-se chegando a um mundo estranho, que destrói a própria ciência, colocando em seu lugar um sucedâneo de tipo filosófico ou pseudo-religioso que, afinal de contas, só se justifica por um ato voluntário ou sentimental, e não por princípios racionais ou científicos.

Ciências exatas e ciências humanas

Num interessante ensaio de jornalismo econômico,[26] Joelmir Beting aciona a máquina do tempo e faz-nos recuar até o ano de 1900. Conversando com o homem dessa época, propõe-lhe dois grupos de problemas e pergunta-lhe quais deles estarão resolvidos no final do século, ou seja, nos nossos dias.

No primeiro grupo, encontram-se dificuldades como transportar um elefante pelos céus a uma velocidade duas vezes maior do que a do som, reproduzir com fidelidade e para sempre a voz de uma pessoa falecida, transmitir instantaneamente a imagem e o som de um acontecimento ocorrido em outro continente, desenvolver um feixe de energia capaz de transmitir 500 mil conversas simultâneas, e outras coisas do mesmo estilo.

Já o segundo grupo engloba problemas como: estabelecer a paz entre os povos, erradicar o analfabetismo, a miséria e a fome, distribuir melhor as riquezas produzidas por determinado país, acabar com a inflação e as discriminações no comércio internacional, e assim por diante.

Conforme afirma o jornalista, o nosso interlocutor certamente responderia que o segundo grupo de problemas poderia estar resolvido em fins do século, já que só exigiria um pouco de bom senso, boa vontade e cooperação, ao passo que os problemas do primeiro grupo exigiriam procedimentos fantásticos e absurdos. No entanto, a realidade foi bem outra; enquanto os problemas fantásticos foram resolvidos, os demais não só não encontraram solução, como até se agravaram; nesse meio-tempo, houve duas guerras mundiais, a pobreza aumentou e, quanto à inflação, é melhor nem falar.

Salta à vista que os problemas do primeiro grupo são todos problemas técnicos, que dependem fundamentalmente das ciências físicas, ao passo que os demais se relacionam com as ciências humanas. E aí costuma vir a observação simplista: enquanto as primeiras (as ciências exatas, a ciência "propriamente dita") foram eficazes e conseguiram resolver os problemas, as segundas (as ciências humanas), por incompetência, fracassaram redondamente.

E o autor prossegue: enquanto as primeiras usam o computador e instrumentos de medição, as segundas servem-se de um outro aparelho, individual e portátil: o "chutômetro". Enquanto umas empregam um método racional, exato e preciso, nas segundas reina o palpite, a opinião, o "achismo" e o amadorismo puro e simples. Tudo isso agravado pelos maus profissionais, que procuram esconder a falta de conhecimentos atrás de um linguajar hermético. Quem não se sentiu transportado para um outro mundo ao ligar a TV e deparar com uma mesa-redonda de psicólogos, sociólogos, psiquiatras etc., "fazendo brilhantes colocações pessoais em termos de talvez, no transcendental temático, ao estilo da objetividade silogística, do semiótico formal na descrença generalizada dos parâmetros estabelecidos, visando uma implementação global insumida"?

O desbalanceamento entre a credibilidade de umas e de outras ciências vem de longe: existe desde os primeiros triunfos da física nos séculos XVII e XVIII. E contou com a arrogância de muitos cientistas e com um certo complexo de inferioridade por parte dos que trabalham nas ciências humanas. Um sintoma desse estado de coisas é a afirmação de Lord Kelvin, físico de prestígio: "Todo o conhecimento que não pode ser expresso em números é de qualidade pobre e insatisfatória".[27]

Mas, se raciocinarmos um pouco, verificaremos novamente que essa posição cientificista carece de fundamento. Comecemos pela afirmação de Lord Kelvin que, sendo uma declaração de princípios de tipo filosófico, dificilmente pode ser expressa em números. Poderíamos pedir ao seu autor que nos mostrasse a balança ou a régua capaz de traduzir numericamente essa asserção. Como tal aparelho não existe, o renomado cientista teria que reconhecer que a sua própria afirmação é de qualidade pobre e insatisfatória, ou então, a bem da verdade, admitir que há outros conhecimentos e afirmações que não dependem de uma expressão numérica para serem válidos e satisfatórios.

"No universo da cultura, o centro está em toda a parte", rezam os dizeres da praça central de uma conhecida universidade brasileira. Esta frase, mais do que especificar uma localização física, pretende ressaltar que todas as ciências são importantes; todas elas têm um lugar ao sol, e nenhuma pode ter a pretensão exclusivista de considerar-se a mais importante ou de querer impor o seu método às demais.

As ciências humanas têm uma importância muito grande, ainda que deem a impressão de caminhar por sendas tortuosas. Isso é inerente ao seu próprio método e aos princípios que deve respeitar, principalmente o da *liberdade humana*, essa característica essencial e primária de todo o indivíduo, que não pode ser atropelada. Um governo de tecnocratas pode parecer, num primeiro relance, como o mais apto para atingir com eficácia os objetivos propostos. Mas que objetivos são esses? Quem os fixou? Destinam-se realmente ao bem de toda a sociedade ou servem interesses particulares? São perguntas a que a técnica não pode responder.

Mais ainda: como utilizar a ciência que temos entre mãos? Efetivamente, a energia atômica pode ser empregada tanto para curar doenças como para destruir cidades inteiras, e o ácido sulfúrico pode ser empregado tanto na fabricação do aço como na preparação de armas químicas. Quem estuda, analisa e por fim acrescenta o sinal positivo ou negativo aos produtos da técnica, senão as ciências do comportamento humano: a ética, a política, a sociologia etc.?

Será que a técnica poderá resolver todo e qualquer problema, como apregoam os seus defensores? Tomemos um exemplo simples, como o de definir uma pessoa. A técnica, dotada de todo o seu aparato, poderá fazer inúmeras análises para essa definição: dados biométricos, altura, peso, volumes e larguras diversas, tomografias computadorizadas, análises ósseas etc., etc.; todos esses resultados poderão ser impressos e analisados por computador, formando enormes pilhas de listagens de dados; mas, apesar de tudo isso, talvez não consigamos definir melhor essa pessoa do que o faria uma criança, com um simples e inocente comentário feito de passagem: "Chi!, lá vem o chato".

Ciência e filosofia

Ludwig Wittgenstein (1889-1951), representante máximo do neopositivismo, terminou a sua principal obra, o *Tractatus logico-philosophicus*, dizendo que "sobre o que não se pode falar, deve-se guardar silêncio". A frase é muito acertada, se a tomarmos isoladamente: "A palavra é de prata, o silêncio é de ouro", diz o ditado popular. Mas quando se tem em conta o contexto em que foi dita e o que quer significar, as coisas mudam muito de figura. Wittgenstein queria indicar que só podemos falar de conclusões científicas, passíveis de verificação empírica, e que devemos calar sobre todo o resto: conhecimento comum, sociologia, psicologia e, principalmente, metafísica (núcleo da filosofia) e religião. Esse "resto" seria a somatória de tudo aquilo que, sendo emocional, impreciso ou "místico", deve ser silenciado.

Contra as arremetidas cientificistas, devemos voltar a afirmar a existência de uma série de valores e ângulos inabarcáveis pela matemática ou pela física, como por exemplo as reações humanas, a poesia, a literatura, a arte, a inspiração etc., que fogem a uma análise puramente racional. Houve quem tentasse até uma matematização da poesia, como Edgar Allan Poe, mas tanto a verdade como a arte estão muito menos para ele e seu tipo de poesia do que para um Guimarães Rosa, que nos indica a receita certa que utilizou nas suas criações: "Oriento minha obra contra a megera cartesiana da razão, defendendo o altíssimo primado da intuição, da revelação, da inspiração".[28]

A filosofia não é um conjunto de coisas esotéricas que não se sabe exatamente o que são — triângulo das Bermudas, ponto de mutação, mistérios de Atlântida, I ching, o segredo das pirâmides, energia, astropsicologia, uma força superior, poltergeist, metempsicose, homens verdes, psi, o tao da física, discos voadores, taro, alquimia, brumas de Avalon, etc. —, por mais que os livreiros e donos de "sebo" insistam em colocar esses títulos na prateleira de filosofia. Também não é o conjunto de opiniões disparatadas, loucas e sem sentido dos pensadores ou pseudo-pensadores que já houve ao longo da história.

Não é também um conjunto de ideias sobre o mundo, elaboradas por uma imaginação febril numa noite de insônia; nem as ideias saídas de uma cabeça sem a menor conexão com o mundo real.

Pelo contrário, a filosofia é um saber racional que se baseia na experiência (comum, científica, estética) e que visa um conhecimento mais profundo da realidade. Literalmente, significa amor à sabedoria e representa essa ânsia de saber que é patrimônio comum de todos os homens de todas as épocas, desejosos de conhecer a explicação última, radical e "definitiva" de todas as coisas.

Parafraseando T.S. Eliot — "Onde está a sabedoria que perdemos no conhecimento? Onde está o conhecimento que perdemos na informação"[29] —, podemos dizer que a filosofia não se reduz ao conhecimento, nem muito menos à mera informação. Significa sabedoria, no seu sentido mais puro, e tem como função dar resposta a questões vitais: o que é o homem, a vida, a felicidade, a liberdade, Deus, a beleza, por que existimos, de onde viemos, para onde vamos.

É ela, também, o fundamento último de todas as ciências. A matemática não se interroga sobre a natureza do número ou dos axiomas; trabalha com eles e pronto. A física não tem pretensões de compreender a essência do movimento, da matéria, do tempo ou dos campos de força. A biologia não trata da compreensão íntima da vida ou do que seja a finalidade, cuja existência se constata na natureza. O direito não trata primordialmente da essência da lei e da justiça. No entanto, a filosofia ocupa-se de tudo isso, e quando o matemático, o físico, o biólogo ou o advogado se debruçam, legitimamente, sobre essas questões, já não estão fazendo matemática, física etc., mas filosofia da matemática, filosofia da física, filosofia do direito, e assim por diante.

E para que não se diga que é uma pretensão muito grande da filosofia considerar-se necessária para as ciências particulares ou tratar de problemas superiores, deixemos que os próprios cientistas, citando apenas alguns, nos digam o que pensam a esse respeito.

Einstein fala-nos do "ponto de vista filosófico sobre problemas que vão muito além da própria ciência. Qual o objetivo da ciência? O que é exigido de uma teoria que tenta descrever a natureza? Essas questões, conquanto ultrapassem as fronteiras da física, estão intimamente ligadas a ela".[30]

Planck afirma que "o tempo em que a filosofia e as ciências positivas se consideravam estranhas entre si e se olhavam mutuamente com desconfiança deve ser considerado ultrapassado [...]; os cientistas compreenderam perfeitamente que o ponto de partida das suas pesquisas não reside somente nas percepções sensíveis e que, mesmo às ciências positivas, é indispensável uma certa dose de metafísica".[31]

Louis de Broglie: "Esta separação foi prejudicial, não só para a filosofia, mas também para a ciência. A razão de ser da filosofia é procurar resumir, numa síntese suprema, o conjunto dos conhecimentos humanos".[32]

Ou ainda Claude Bernard: "A metafísica está intimamente ligada à própria essência da nossa inteligência. Nós não podemos falar senão metafisicamente. Não pertenço, portanto, ao número daqueles que julgam que a metafísica poderá alguma vez ser dispensada".[33]

Interessando-se por todos os aspectos e âmbitos da realidade, compete à filosofia ir a fundo nos problemas da própria ciência. É assim que ela se pergunta sobre a validade do método matemático, sobre a tentativa de explicar mecanicamente o mundo, sobre a teoria dos modelos em física, sobre as bases do acaso e da necessidade na teoria evolucionista, sobre o fundamento das leis positivas e outras questões semelhantes, constituindo-se numa valiosa ferramenta para analisar, julgar e fundamentar cada uma das ciências particulares.

Permite, pela sua própria natureza, uma visão global dos problemas, sem os particularismos de uma ou outra ciência, que tendem a supervalorizar o seu ponto de vista e acabam levando a reducionismos e a visões empobrecidas da própria ciência, do homem e do mundo. Os conhecimentos fornecidos por ela são verdadeiros e rigorosos, com o rigor próprio das ciências humanas;*

---

* Não se pode exigir o mesmo *tipo* de rigor de todas as ciências. A física, a astronomia, a química etc., requerem muitos cálculos matemáticos; e da exatidão dos resultados pode depender até a validade das teorias em que se baseiam. Já a história, a sociologia, o direito e outras ciências humanas não se baseiam na exatidão numérica nem nas experiências de laboratório; partem da experiência comum, da observação da realidade e da comprovação daquilo que realmente ocorreu, e têm de ater-se ao máximo rigor lógico nas observações, deduções e raciocínios em geral. Trabalham,

e além disso, só ela permite encontrar uma solução abrangente e real para os problemas humanos. O próprio Wittgenstein teve que reconhecê-lo no final da sua vida: "Sentimos bem que, mesmo quando todos os problemas da ciência se tivessem solucionado, nada ainda se teria feito pelos verdadeiros problemas do homem".[34]

Mas, apesar de tudo, o fato é que também a filosofia tem os seus limites. Em

---

portanto, com certezas, e não com meras opiniões; só que essas certezas, em geral, não são físicas mas morais. Assim, um juiz pode tomar uma decisão sobre quem foi o culpado de um acidente de trânsito sem ter presenciado o acontecimento, ou pode aplicar-lhe uma pena objetivamente justa, cuja duração, porém, admitirá certa flexibilidade (2 ou 3 anos, por exemplo) e não é matematicamente calculável. Da mesma forma, as demonstrações filosóficas partem sempre da observação atenta e lúcida da realidade, contam com o rigor do raciocínio lógico e podem ser comprovadas através da adequação das suas conclusões à realidade.

primeiro lugar porque, como já vimos, a realidade é inesgotável e a capacidade de compreensão do ser humano é sempre limitada: *ars longa*, *vita brevis*, diziam os romanos para significar que o campo da ciência é muito vasto e a vida é comparativamente breve. Depois, porque há uma série de valores que não se atingem pela razão pura e simples, mas que dependem, por exemplo, da prudência (da maneira correta de julgar os acontecimentos e tomar decisões), da experiência vital ou simplesmente da habilidade física ou manual.

Em segundo lugar, porque podemos enganar-nos ao raciocinar filosoficamente. De fato, uma prova disso é que existem muitos sistemas filosóficos errôneos ou parcialmente verdadeiros, coisa que se explica porque para a sua elaboração concorrem muitos outros elementos além da especulação filosófica. Se constatamos a existência de uma diversidade muito grande de filosofias, é porque em cada visão do mundo estão implicados conjuntos muito díspares de premissas ou fatores: a influência dos predecessores e do contexto cultural da época, preconceitos de qualquer tipo (materialista, positivista, racionalista etc.), incidentes da vida pessoal, ou até mesmo o desejo de originalidade a qualquer custo.

Isto não significa que não exista uma visão filosófica correta no mundo ou que não seja possível estabelecer um conjunto de verdades firmes e incontestáveis. Mas os aspectos que acabamos de apontar permitem-nos concluir que mesmo a filosofia bem conduzida é incapaz de dar uma resposta *verdadeiramente* última e cabal aos problemas humanos e que, se queremos chegar a certezas últimas, devemos passar a uma nova esfera do conhecimento humano.

Ciência e religião

Uma febre dos últimos anos são os grupos de excursionistas que percorrem trilhas e sobem montanhas, enfrentando caminhos, veredas e "picadas" mais ou menos transitáveis. Depois de muitas peripécias, ao chegarem ao cume fatigados pela subida e pelas demais dificuldades inerentes a esse esporte, todos concordam em que o importante é ter chegado, ficando em segundo plano o caminho de acesso.

A metáfora pode ser aplicada ao conhecimento humano, na sua escalada em direção à verdade. Existem muitas vias de acesso, com maiores ou menores dificuldades de percurso: a experiência direta, a ciência construída, a fé humana naqueles que nos transmitem os conhecimentos, e a fé divina, que se apoia na confiança em Deus. Mas o termo de todas as vias é o mesmo: o conhecimento da realidade.

E, se fizermos um balanço dos conhecimentos adquiridos ao longo da nossa vida, veremos basicamente que há duas formas através das quais tivemos acesso a eles: ou por meio da experiência direta, no caso de termos presenciado o acontecimento ou, caso contrário, através da confiança na palavra daqueles que nos transmitem essas informações, ou seja, através da fé humana. Aliás, são relativamente poucas as coisas que podemos comprovar diretamente; a maior parte das coisas que conhecemos nos vem através de informações. Para viver, temos de acreditar no que nos dizem os livros, os jornais, os professores, os pais, os parentes, e até os desconhecidos, o rádio e a televisão. Ainda que em alguns momentos seja necessário lançarmos mão do senso crítico para não sermos enganados, o fato é que, se desconfiássemos por princípio, não poderíamos viver em sociedade.

A fé religiosa, e falamos aqui no sentido católico dessa realidade, é também uma forma de conhecer: significa acreditar nas verdades reveladas por Deus, com a confiança certa de que Ele não se engana nem nos engana. Neste sentido, a fé não é uma luz no fundo do túnel nem simplesmente uma confiança cega; é luz e segurança, e um meio de acesso a uma série de verdades que dificilmente seriam atingidas por outros meios; com ela, a visão do caminhante, que era plana, cinza e achatada, adquire a terceira dimensão — a altura —, e com ela o relevo, o peso e o volume.[35] Mediante a fé na Palavra de Deus contida nos Evangelhos (e também em toda a Bíblia, no Antigo e no Novo Testamento), pode-se saber por exemplo que Deus existe e é remunerador das ações humanas, que o universo e o homem foram criados, que existe uma vida após a morte, que o homem — feito à imagem e semelhança de Deus — tem uma finalidade e uma missão a serem cumpridas nesta vida, que Deus se fez homem na pessoa de Jesus Cristo e que nos transmitiu uma série de ensinamentos sobre a nossa conduta — a moral cristã — que são o caminho que devemos seguir se queremos ser felizes nesta vida e na outra. Não são infinitas coisas, mas são verdades fundamentais que têm profundas consequências para aqueles que as tomam a sério.

Raciocinando sobre essas verdades, os Padres e Doutores da Igreja chegaram a um conjunto estruturado de conclusões que constitui uma verdadeira ciência, a teologia, e que continua sempre em desenvolvimento através de novos estudos e pesquisas. No entanto, os seus pontos básicos já estão firmemente assentados.

Contrariamente ao que pensam alguns, a fé não é, portanto, algo puramente subjetivo, emocional ou mesmo irracional, no sentido de ser totalmente absurda e incompreensível. Essa foi a posição de Lutero, que erroneamente acentuou o ato de acreditar (a adesão ou confiança), sem centrar suficientemente a atenção no fato de que sempre se acredita em alguma *verdade*. Se considerarmos somente o aspecto de adesão ou confiança, a fé reduz-se a um ato da vontade (auxiliada pela graça); na medida em que é um conhecimento de verdades, porém, é também um ato da razão, que reflete e entende o seu conteúdo, ainda que imperfeitamente, como aliás acontece com muitas verdades naturais.

As verdades de fé são *suprarracionais*, no sentido de que superam a nossa capacidade de compreensão, mas não são irracionais (contrárias à razão). Não existe assim uma ruptura entre fé e razão, mas sim uma harmonia e equilíbrio, como magistralmente o estabeleceu São Tomás de Aquino A razão, trabalhando sobre as verdades de fé, pode chegar muito longe, como se vê pela evolução e pelo alcance dos diversos ramos da teologia.

Aliás, apoiando-se e sendo contrastada com as verdades de fé, a razão pode até chegar muito mais longe do que a ciência e a filosofia puras. Se, por exemplo, uma ciência bem feita pode levar-nos até os umbrais de uma Causa Primeira, como apontava Newton, e a filosofia pode demonstrar a existência de um Deus onipotente, só a fé nos diz que somos filhos de um Deus misericordioso. De maneira semelhante, a ciência constata a existência da vida e da morte, a filosofia consegue provar a existência e a imortalidade da alma humana, mas só a religião permite saber o que acontecerá na outra vida.

Um último exemplo: todos nós estamos sujeitos a doenças, contratempos, desgraças, tristezas, fracassos, ingratidões, à morte de seres queridos e a outros duros golpes, que muitas vezes parecem acumular-se sobre uma só pessoa. Do ponto de vista científico, tudo pode ser encarado como fruto da lei das probabilidades ou mera "lei da vida"; através da filosofia, podemos "racionalizar" tudo para diminuir o sofrimento e a revolta; mas só a religião nos dá a certeza de que esses acontecimentos não obedecem a um destino cego e implacável, antes há um sentido por trás de tudo isso.

A propósito da imagem da montanha e das vias de acesso à verdade, convirá recordar umas palavras de Robert Jastrow, astrônomo e diretor do Goddard Institute of Space Studies (NASA). Agnóstico em matéria religiosa, é ele, no entanto, quem afirma que "o cientista escala as montanhas da ignorância e, quando se aproxima da rocha mais alta, prestes a conquistar o cume, é saudado pelos teólogos, que já lá estavam sentados há séculos". Contando com a religião, chega-se à meta mais cedo, de um modo mais fácil e com maior segurança. E só pelas trilhas da religião se atingem os cumes mais elevados.

Há alguns que, a partir de uma cátedra científica, pretendem analisar temas como Deus e a alma humana, mas fazem-no através das técnicas de laboratório que estão acostumados a empregar; e o resultado não é muito alentador nem muito lógico. Ao falharem nessa sua tentativa, acabam por afirmar que, se não conseguiram atingir o objeto do seu estudo, é porque ele não existe. Estamos aqui diante de um ponto crucial para qualquer cientista ou pesquisador, como aliás apontava James Clerk Maxwell (1831-1879), um dos maiores físicos da história: "Um dos testes mais severos para a mente científica é discernir os limites da aplicação legítima do método científico".

Um exemplo desse "não vi, não existe" é o de Gagarin, o primeiro astronauta a "orbitar" a lua e que afirmou que Deus não existia pelo fato de não o ter visto na sua viagem ao espaço. Supondo que ainda estivesse vivo, e para não termos que explicar-lhe que Deus é espírito, e portanto invisível quer na lua, quer aqui, poderíamos por brincadeira perguntar-lhe se olhou bem, atrás de todas as estrelas. E se se incomodasse com o fato de Deus ser invisível, teríamos de pedir-lhe que não acreditasse nos átomos nem nos raios gama, nem nas ondas de rádio, nem nos quanta de energia, que não são visíveis. E se, dando um passo além, nos objetasse que, embora não vejamos esses elementos, as suas consequências são percebidas por nós, então, só teríamos que pedir-lhe que abrisse os olhos e contemplasse o universo à sua volta: tudo isso que aí vemos (e Gagarin teve uma visão privilegiada), a Criação, nada mais é do que um efeito da causa primeira que é Deus, as consequências de um princípio invisível.

Sempre haverá gente disposta a acreditar somente naquilo que vê, sente ou apalpa. Já nos tempos de Platão havia os que só acreditavam na existência de "rochas e carvalhos" (leia-se hoje: "forças físico-químicas"), negando qualquer realidade superior. São os mesmos que quereriam encontrar a alma na ponta de um bisturi, ou quantificá-la através da diferença de peso de uma pessoa antes e depois da morte.

Confusões

Os clichês e preconceitos dos que se decidem pelo materialismo são muitos, e não adiantaria fazer aqui uma relação exaustiva; mas vale a pena salientar a fonte da qual muitos deles decorrem: uma acentuada confusão entre conceitos físicos e categorias metafísicas. Os conceitos de espaço, tempo, matéria, energia e vácuo são conceitos que têm um significado físico diferente dos seus correlatos em metafísica.

É por isso que não tem sentido falar de acontecimentos físicos anteriores à criação do universo, pois antes dela não havia tempo; nem identificar estritamente a criação do universo com o famoso Big Bang, pois antes dessa "grande explosão" já havia algo, precisamente aquilo que explodiu. O nada metafísico (a ausência de ser) não se confunde com o vácuo da física nem com a ausência de matéria, pois aí continua a existir alguma coisa, pelo menos o espaço físico. A criação, por outro lado, não é um movimento: todo o movimento supõe um corpo ou um ser que existe antes e depois desse movimento, e no processo da criação não existe nada antes. Por isso, a criação escapa aos métodos da física.

Outra confusão primária, mas nem por isso menos frequente, é a de pensar que o céu ou o inferno são lugares físicos como o "em cima" ou o "embaixo". Para Sagan, especialista em confusões desse tipo, "os seguidores de Platão e seus sucessores cristãos mantiveram a noção peculiar de que a terra era contaminada e de alguma forma suja, enquanto os céus eram perfeitos e divinos".[36] Ora, é bem verdade que os "céus" eram considerados perfeitos por alguns seguidores de Platão, como Aristóteles, o seu mais famoso discípulo; mas, ao falarem de "céus", referiam-se às esferas celestes, consideradas circulares por ser esta a "forma perfeita", e por estarem constituídas por uma "matéria perfeita", o éter ou quinta-essência. Ora, essa teoria sobre os céus físicos nada tem a ver com a doutrina teológica sobre o céu. Nesse mesmo erro incorre Hawking, para quem a Igreja teria adotado o modelo de Ptolomeu (o que não é verdade), porque este teria a "grande vantagem de garantir espaço suficiente, fora da esfera das estrelas, para o céu e para o inferno".[37] Sem comentários.

Cientistas ateus?

Outro falso mito que "corre solto" é que os cientistas não acreditam em Deus. Em si, o fato não teria nada de mais, já que encontramos ateus de todas as profissões e de todas as categorias sociais. Este mito tem, na verdade, pretensões maiores do que parece à primeira vista: quer dar a entender que todas as pessoas verdadeiramente inteligentes e esclarecidas não aderem às "fábulas" ou aos "mitos" religiosos; e os cientistas, esses "homens geniais", levados pelas demonstrações da sua ciência, chegaram à conclusão inevitável de que Deus simplesmente não existe.

Nada mais distante da verdade; um conhecimento superficial da vida de alguns cientistas poderia dar uma impressão desse tipo, mas um estudo mais profundo mostra sempre que os contados casos de ateísmo são muito mais uma consequência de circunstâncias ou de problemas pessoais do que uma atitude decorrente de conclusões científicas. De fato, *até hoje ninguém apresentou nenhum argumento verdadeiramente sério sobre a inexistência de Deus, e muito menos baseado em conclusões científicas.*

É um fato que houve cientistas que foram ateus ou que abandonaram a prática da religião, como por exemplo Madame Curie, polonesa de origem, nascida e educada na religião católica, que se desinteressou da religião ao ficar abalada pela morte da mãe. Só temos a dizer que é uma pena.

Por outro lado, ao longo de toda a história, poderíamos citar uma quantidade enorme de cientistas e de filósofos que acreditavam em Deus, que viveram a sua religião ou até mesmo eram pessoas de comunhão diária, como Pasteur. Muitos deles, além disso, manifestaram as suas convicções publicamente, em mais de uma oportunidade.

Descartes e Galileu morreram como bons cristãos, com todos os sacramentos; Leibniz escreveu uma obra denominada *Teodiceia* ("Justificação de Deus") contra o ateísmo. Platão e Aristóteles, sobre os quais não pesa a "suspeita" de serem considerados cristãos ou católicos, já que viveram antes de Cristo, apresentaram inúmeras provas da existência de Deus, com argumentos puramente racionais. Em Newton e Kepler encontramos almas profundamente cristãs, que não tiveram o menor receio de falar de Deus nos seus escritos. Mendel, o iniciador da genética, fez as suas experiências com ervilhas nos terrenos do mosteiro de que era abade. Copérnico, reintrodutor moderno do sistema heliocêntrico, era clérigo.

Para não alongarmos demasiado o texto com explicações, apresentamos a seguir depoimentos de alguns cientistas sem acrescentar-lhes maiores comentários e restringindo-nos somente a alguns que já fazem parte da história.[38]

1. Isaac Newton (1642-1727), fundador da física clássica e descobridor da lei da gravidade: "A maravilhosa disposição e harmonia do universo só pode ter tido origem segundo o plano de um Ser que tudo sabe e tudo pode. Isto fica sendo a minha última e mais elevada descoberta".

2. William Herschel (1738-1822), astrônomo alemão, descobridor do planeta Urano: "Quanto mais o campo das ciências naturais se dilata, tanto mais numerosas e irrefutáveis se tornam as provas da eterna existência de uma Sabedoria criadora e todo-poderosa".

3. Alessandro Volta (1745-1827), físico italiano, descobridor da pilha elétrica e inventor, cujo nome deu origem ao termo voltagem: "Submeti a um estudo

profundo as verdades fundamentais da fé, e [...] deste modo encontrei eloquentes testemunhos que tornam a religião acreditável a quem use apenas a sua razão".

4. André Marie Ampère (1775-1836), físico e matemático francês, descobridor da lei fundamental da eletrodinâmica, cujo nome deu origem ao termo amperagem: "A mais persuasiva demonstração da existência de Deus depreende-se da evidente harmonia daqueles meios que asseguram a ordem do universo e pelos quais os seres vivos encontram no seu organismo tudo aquilo de que precisam para a sua subsistência, a sua reprodução e o desenvolvimento das suas virtualidades físicas e espirituais".

5. Jons Jacob Berzelius (1779-1848), químico sueco, descobridor de inúmeros elementos químicos: "Tudo o que se relaciona com a natureza orgânica

revela uma sábia finalidade e apresenta-se como produto de uma Inteligência Superior [...]. O homem [...] é levado a considerar as suas capacidades de pensar e calcular como imagem daquele Ser a quem ele deve sua existência".

6. Karl Friedrich Gauss (1777-1855), alemão, considerado por muitos como o maior matemático de todos os tempos, também astrônomo e físico: "Quando tocar a nossa última hora, teremos a indizível alegria de ver Aquele que em nosso trabalho apenas pudemos pressentir".

7. Agustin-Louis Cauchy (1789-1857), matemático francês, que desenvolveu o cálculo infinitesimal: "Sou um cristão, isto é, creio na divindade de Cristo como Tycho Brahe, Copérnico, Descartes, Newton, Leibniz, Pascal [...], como todos os grandes astrônomos e matemáticos da antiguidade".

8. James Prescott Joule (1818-1889), físico britânico, estudioso do calor, do eletromagnetismo e descobridor da lei que leva o seu nome: "Nós topamos com uma grande variedade de fenômenos que [...] em linguagem inequívoca falam da sabedoria e da bendita mão do Grande Mestre das obras".

9. Ernest Werner von Siemens (1816-1892), engenheiro alemão, inventor da eletrotécnica e que trabalhou muito no ramo das telecomunicações: "Quanto mais fundo penetramos na harmoniosa dinâmica da natureza, tanto mais nos sentimos inspirados a uma atitude de modéstia e humildade; [...] e tanto mais se eleva a nossa admiração pela infinita Sabedoria, que penetra todas as criaturas".

10. William Thompson Kelvin (1824-1907), físico britânico, pai da termodinâmica e descobridor de muitas outras leis da natureza: "Estamos cercados de

assombrosos testemunhos de inteligência e benévolo planejamento; eles nos mostram através de toda a natureza a obra de uma vontade livre e ensinam-nos que todos os seres vivos são dependentes de um eterno Criador e Senhor".

11. Thomas Alva Edison (1847-1931), inventor, com mais de duas mil patentes, entre elas a da lâmpada elétrica: "Tenho [...] enorme respeito e a mais elevada admiração por todos os engenheiros, especialmente pelo maior deles: Deus!"

12. Guglielmo Marconi (1874-1937), físico italiano, inventor do telégrafo sem fio, prêmio Nobel em 1909: "Declaro com ufania que sou homem de fé. Creio no poder da oração. Creio nisto não só como fiel cristão, mas também como cientista".

13. John Ambrose Fleming (1849-1945), físico britânico, descobridor da válvula e do diodo: "A grande quantidade de

descobertas modernas destruiu por completo o antigo materialismo. O universo apresenta-se hoje ao nosso olhar como um pensamento. Ora, o pensamento supõe a existência de um pensador".

14. Arthur Eddington (1882-1946), físico e astrônomo britânico: "A física moderna leva-nos necessariamente a Deus".

15. Max Planck (1858-1947), físico alemão, criador da teoria dos quanta, prêmio Nobel em 1928: "Para onde quer que se estenda o nosso olhar, em parte alguma vemos contradição entre ciências naturais e religião, antes encontramos plena convergência nos pontos decisivos. Ciências naturais e religião não se excluem mutuamente, como hoje em dia muitos pensam e receiam, mas completam-se e apelam uma para a outra. Para o crente, Deus está no começo; para o físico, Deus está no ponto de chegada de toda a sua reflexão".

16. Albert Einstein (1879-1955), físico judeu alemão, criador da teoria da relatividade, prêmio Nobel em 1921: "Todo profundo pesquisador da natureza deve conceber uma espécie de sentimento religioso, pois não pode admitir que seja ele o primeiro a perceber os extraordinariamente belos conjuntos de seres que contempla. No universo, incompreensível como é, manifesta-se uma inteligência superior e ilimitada. A opinião corrente de que sou ateu baseia-se num grande equívoco. Quem a quisesse depreender das minhas teorias científicas não teria compreendido o meu pensamento".

17. Carl Gustav Jung (1875-1961), suíço, um dos fundadores da psicanálise: "Entre todos os meus pacientes na segunda metade da vida, isto é, tendo mais de 35 anos, não houve um só cujo problema mais profundo não fosse constituído

pela questão da sua atitude religiosa. Todos, em última instância, estavam doentes por terem perdido aquilo que uma religião viva sempre deu aos seus adeptos, e nenhum se curou realmente sem recobrar a atitude religiosa que lhe fosse própria".

18. Werner von Braun (1912-1977), físico alemão radicado nos Estados Unidos e naturalizado norte-americano, especialista em foguetes e principal diretor técnico dos programas da NASA (Explorer, Saturno e Apolo), que culminaram com a chegada do homem à lua: "Não se pode de maneira nenhuma justificar a opinião, de vez em quando formulada, de que na época das viagens espaciais temos conhecimentos da natureza tais que já não precisamos de crer em Deus. Somente uma renovada fé em Deus pode provocar a mudança que salve da catástrofe o nosso mundo. Ciência e religião

são, pois, irmãs, e não polos antitéticos". E: "Quanto mais compreendemos a complexidade da estrutura atômica, a natureza da vida ou o caminho das galáxias, tanto mais encontramos razões novas para nos assombrarmos diante dos esplendores da criação divina".

Será mesmo que todos os cientistas são ateus?

Por que existem ateus?

Realmente, essa é uma pergunta muito boa, para a qual talvez não exista uma resposta conclusiva, pois no fundo trata-se de um mistério.

Para entender como se chegou a essa situação, é necessário regredir um pouco no tempo em busca das raízes do problema. Sempre houve materialistas e ateus, como Epicuro e Demócrito, já nos tempos áureos da filosofia grega; mas, para nos restringirmos aos tempos modernos, podemos começar novamente com Descartes. Uma das suas preocupações era precisamente a de estabelecer (como postulado) uma separação radical entre a fé e a razão humana, criando compartimentos estanques e incomunicáveis dentro de cada ser humano, o qual teria assim uma espécie de chave que poderia ser ligada e desligada: ora pensaria e agiria como cientista, utilizando-se só da razão, ora pensaria e agiria como homem religioso, valendo-se da fé. A religião seria, nesse esquema, algo puramente voluntário e sentimental, em que a razão não teria espaço.

Um dos fatores que contribuíram para dar origem a essa atitude foram as guerras de religião do século XVI, cujas consequências Descartes chegou a presenciar: manifestações de fanatismo as mais diversas, em que cada grupo afirmava estar na verdade e queria convencer os demais pela força. Não é de estranhar que, até entre gente equilibrada, se levantasse a tentação de dizer que os assuntos de religião são como os sentimentos: cada qual tem os seus, como tem os seus gostos e preferências pessoais; é assunto sobre o qual de nada adianta discutir: os argumentos são muito mais passionais do que racionais. Que motivos racionais pode ter um torcedor para torcer por um time de futebol?

Ora, uma vez que se afirme que todas as religiões são iguais — que dependem do gosto de cada um —, o passo seguinte é uma indiferença absoluta, que no fundo admite que nenhuma delas está na verdade e nenhuma possui valores absolutos. A consequência é que não vale a pena aderir a nenhuma religião oficial e muito menos praticá-la.

O passo histórico seguinte foi o deísmo, corrente nascida na Inglaterra, segundo a qual Deus não seria senão o Grande Arquiteto do Universo que, tendo construído o mundo, o teria abandonado a seguir nas mãos do homem; neste caso, caber-nos-ia viver como se Deus não existisse, e, portanto, seria preciso rejeitar a existência de milagres, da Providência ou de um Evangelho revelado, negando também qualquer intervenção de Deus na história humana. Cristo seria um grande profeta e até o maior dos homens, o que, na boca dessas pessoas, equivalia a negar que fosse Deus. A religião, a união com Deus, ficaria reduzida a um vago sentimentalismo, e a moral a umas simples regras de convivência entre os homens.

A partir daí, alguns filósofos ingleses começaram a autodenominar-se livres-pensadores, querendo dizer com isso que estavam livres da superstição (isto é, da religião), e que aceitavam somente uma religião "natural", sem dogmas nem ritos; adotaram o lema "liberdade, igualdade, fraternidade", que seria assumido mais tarde pela Revolução francesa.

O passo seguinte na evolução dessa linha de pensamento foi, naturalmente, o agnosticismo (se é que Deus existe, não é possível conhecê-lo), ou simplesmente o ateísmo. Por essa rota caminharam os filósofos do Iluminismo francês: Condillac, Diderot, D'Alembert, que Lênin recomendava como a melhor introdução ao "ateísmo científico".

Nessa trajetória nota-se, paralelamente à expulsão de Deus da vida e do pensamento, uma deificação do próprio homem. A atitude de Descartes atribui ao homem (a sua inteligência) qualidades que são exclusivas de Deus; Espinosa diz que o homem é parte de Deus; Kant atribui à razão humana um papel fundamental na constituição da realidade; Hegel, num panteísmo cósmico, deifica a razão humana, projetando-a como criadora de toda a realidade; e Feuerbach entroniza definitivamente o homem no lugar de Deus: "O homem é para o homem o ser supremo", ideia plenamente aceita por Marx. Finalmente, Nietzsche, como representante de muitos outros, proclama a morte de Deus.

O triste paradoxo embutido nessa atitude é que, ao tentar divinizar o homem, acabou-se por animalizá-lo, reduzindo-o a um plano infra-humano. A conclusão era lógica: se o homem não provém de cima (de Deus), só pode provir de baixo (da matéria); se a dignidade do homem provém de estar feito à imagem e semelhança de Deus, ao suprimir-se Deus suprime-se também a sua dignidade, e o homem passa a ser qualquer outra coisa: o homem é aquilo que come (Feuerbach); é puro sexo (Freud); provém do macaco (Darwin), que provém da matéria (os defensores atuais da geração espontânea), que provém do caos. Em perfeita consonância com esses princípios, pregaram-se as filosofias da inimizade: o príncipe deve dominar pelo medo (Maquiavel), o homem é o lobo do homem (Hobbes), a guerra, a luta e a contradição constituem a essência da realidade (Hegel), o ódio é o motor da história (Marx), o inferno são os outros (Sartre), devemos aprender a odiar (Lunatcharsky). Os inimigos estão dentro do próprio homem, numa tensão entre *id*, *ego* e *superego*, nos recalques, nas tensões psíquicas, no *stress* e nos complexos dos mais diversos gêneros.

Estas breves pinceladas não têm a pretensão de ser uma análise histórica, mas penso que são suficientes para explicar uma série de características do atual estado da sociedade. Depois de tudo isso, não é de estranhar que alguns cientistas pudessem e possam desembocar no ateísmo.

Humildade intelectual

A trajetória do idealismo, de Descartes a Marx, que acabamos de esboçar, pode ser vista por outro ângulo: o da caminhada do homem rumo à autossuficiência e à confiança no poder ilimitado de sua razão, a ponto de auto divinizar-se e de rejeitar qualquer limite que lhe venha de fora.

O realista segue a trajetória inversa. Tal como todos os homens de bom senso, sabe que o sim é sim e o não, não; verdade e erro não se confundem, e a inteligência deve reconhecer a realidade tal como ela é, não estando em suas mãos alterá-la. Da mesma forma, sabe que bem e mal são realidades contrapostas, devendo o primeiro ser procurado e amado, e o segundo, evitado; também sabe que não está nas suas mãos fazer com que uma coisa ou uma ação intrinsecamente má se torne boa, ou vice-versa. Em resumo, a nossa inteligência depende da verdade e a nossa vontade depende do bem, e isto é uma decorrência do fato de sermos criaturas.

Mas o idealista, numa manifestação de autossuficiência intelectual, rebela-se contra qualquer limitação "imposta" ao homem "de fora", quer seja uma verdade a ser conhecida, quer seja um bem a ser procurado. Essa é, no fundo, a tentativa que se faz de independência completa com relação à realidade, a rejeição da condição de criatura e a rebeldia contra o Criador. A verdade e o bem passam a ser, nesta ótica, criações ou invenções do próprio homem; proclama-se assim uma liberdade suicida do pensamento e da vontade, contra qualquer verdade ou norma moral; pretende-se com isso "recriar" o mundo, um novo mundo que não seja obra de Deus, mas produto do próprio homem. Ainda que possível fatualmente, essa posição diante da realidade só leva a um beco sem saída: constitui-se na recusa definitiva de possuir a luz da verdade e a força do amor. Como o demonstrou a história, é uma posição que só pode acabar na arbitrariedade do relativismo, no ódio, na luta de classes e no desrespeito aos direitos mais fundamentais do ser humano.

Chesterton indicou uma saída sempre possível em todo beco sem saída: dar meia-volta e recuar sobre os próprios passos. Mas os que assumem essa posição cortaram a sua própria retirada, já que retroceder e reconhecer o erro é algo totalmente incompatível com a mola propulsora das suas ações: a soberba intelectual.

Do ponto de vista da ciência, a atitude presunçosa também não deu bons resultados, como já vimos no caso do racionalismo cartesiano. Por outro lado, todos os cientistas de peso sempre tiveram um enorme respeito pelos mistérios da natureza e uma clara consciência das limitações da nossa inteligência. Foi por isso que nunca desanimaram perante os insucessos que resultaram das tentativas de construir modelos teóricos para explicar a realidade, nem pretenderam sustentar as suas hipóteses contra a evidência dos fatos. Era uma atitude realista, que só é possível quando se tem consciência de quem nós somos, da nossa limitação como criaturas e da infinita riqueza que encerra um universo criado por Deus e que traz impressa em si, mesmo que seja apenas como um pálido reflexo, admiráveis manifestações da riqueza, da ordem e da beleza divinas.

Ciência e cristianismo

"Deus não joga dados": esta é a expressão que Einstein utilizava para indicar que as coisas no mundo não se dão por acaso, como se Deus estivesse brincando num jogo de azar com o Universo; não, traduzem uma harmonia e uma ordem que são o reflexo das leis que Deus imprimiu ao criá-lo.

Existe, aliás, uma íntima conexão entre o desenvolvimento da ciência e a aceitação de que o universo apresenta uma ordem, harmonia e racionalidade que se traduzem em leis, sendo precisamente a descoberta dessas leis o objeto da ciência; se não existirem ordem, harmonia e racionalidade, não há leis e, portanto, não há ciência. Assim, foi o advento do cristianismo que criou, pela primeira vez na história humana, as condições propícias para o progresso efetivo da ciência.

Esta é a tese básica de Stanley Jaki, doutor em física e um dos melhores e mais originais historiadores da ciência. Vale a pena ler, a esse respeito, a sua obra: *The road of science and the ways to God* (A rota da ciência e os caminhos para Deus).[39] São 478 páginas em que o autor proporciona um panorama magistral sobre o desenvolvimento da ciência, desde as culturas antigas até a época atual, analisando fatores filosóficos e teológicos que prejudicaram ou facilitaram o progresso da ciência.

Fundamentado em muitos exemplos, Jaki mostra que a ciência experimental sofreu sucessivos abortos nas culturas antigas, e somente veio a encontrar um terreno fértil e propício para o seu desenvolvimento na "matriz cultural" do cristianismo. Ao analisar detidamente as culturas da Índia, do Egito, da China, da Grécia, de Roma e da América, observa que nessas culturas predominavam mitos que consideravam o universo como eterno e submetido a forças irracionais ou a processos cíclicos: entre outros, o mito oriental do eterno retorno, muito difundido em diversas versões, que afirmava que a cada ciclo se repetiriam as mesmas posições dos astros e, em consequência, os mesmos acontecimentos da história da humanidade; não haveria progresso, tudo se repetiria. É sintomático que Nietzsche, filósofo que pretendeu destruir todos os valores cristãos para implantar "uma nova cultura", tenha recorrido insistentemente aos mitos pagãos, especialmente ao do eterno retorno, como por exemplo na sua obra *Assim falou Zaratustra*.

Estas ideias sobre a repetição cíclica dos mesmos acontecimentos, e sobre a existência de um determinismo fatalista contra o qual não adiantava empenhar-se, só podiam retardar o progresso da ciência. Com o advento do cristianismo, porém, aconteceu o contrário, já que se sublinha que o Universo foi feito por um Deus pessoal, infinitamente inteligente, e em decorrência está submetido a leis racionais; ao mesmo tempo, sustenta que o homem, feito à imagem e semelhança de Deus, recebeu o mandato e a capacidade de conhecer e de dominar esse universo inteligível, dotado de uma ordem e umas leis que podem ser compreendidas pela inteligência humana.

Noutras palavras, o cristianismo favoreceu o desenvolvimento da ciência ao afirmar a racionalidade do mundo e a existência de leis passíveis de serem desvendadas pela inteligência humana, que afinal de contas é uma "fagulha" da Inteligência divina. Em fins da Idade Média, quando a ciência surgiu, e por maioria de razão nos tempos modernos, os conceitos cristãos a respeito do mundo continuaram a favorecer o desenvolvimento científico.

Particularmente importante em muitas situações cruciais foi o realismo filosófico, base sobre a qual se apoia a teologia católica e que impregna todo o pensamento cristão desde o seu início. A posição oposta, o imanentismo (que afirma que a realidade depende de nós ou do nosso conhecimento), nas suas diferentes versões ao longo dos tempos, produziu resultados catastróficos. Em termos de filosofia da ciência, esta atitude levou alguns a pensar que os modelos que utilizamos são simples abstrações matemáticas desvinculadas da realidade, e que os empregamos somente na medida em que são úteis. Foi essa ótica limitada que transferiu parte dos triunfos de Poincaré e Lorentz para Einstein, que possuía um espírito mais realista e um sentido físico mais apurado.

Com efeito, Poincaré (1854-1912) possuía todos os elementos da teoria da relatividade muito antes de que Einstein publicasse os seus trabalhos; mas não deu o passo decisivo devido a um traço um tanto hipercrítico da sua visão do mundo, à sua formação de matemático puro e à sua atitude cética em face das teorias físicas; isto é, considerava que existe uma infinidade de pontos de vista diferentes, que são logicamente equivalentes e entre os quais o cientista só escolhe por razões de comodidade. Da mesma forma, Lorentz (1853-1928), chegou a formular as equações matemáticas da teoria da relatividade, mas também retrocedeu no momento decisivo de dar a interpretação física correspondente. No entanto, o jovem Albert Einstein, que então tinha somente vinte e cinco anos e cuja preparação matemática era rudimentar em comparação com a do profundo e genial Poincaré, chegou antes dele à teoria da relatividade, guiado por uma intuição realista e profunda das realidades físicas, e soube ver também, nas fórmulas de transformação de Lorentz, não um simples artifício matemático, como se fazia antes dele, mas a própria expressão do vínculo real que existe entre espaço e tempo[40].

Conclusão

Tanto a ciência como a filosofia e a religião procuram atingir "a verdade das coisas", que poderíamos sintetizar em três conceitos-chave: Deus, alma e mundo. Quanto mais a ciência progride, mais o homem percebe a grandiosidade, a beleza, a harmonia, a ordem e a finalidade existentes na natureza, a ponto de concluir que deve haver uma fonte originária de onde procedem todas essas perfeições. A razão chega efetivamente até esse umbral; ultrapassá-lo, porém, exige um passo mais, uma vez que a fé é sempre um dom de Deus. E, uma vez que tenha crido, o circuito se fecha e tudo fica mais claro: a criação não pode deixar de trazer impressa a marca do Criador.

As ciências podem também atingir algumas verdades a respeito da alma (e do homem), como por exemplo demonstrar a sua existência, já que é absolutamente necessário admitir um princípio diferente da matéria para explicar a vida do espírito e as manifestações culturais, artísticas etc. O acesso a esse território, porém, não pode ser franqueado mediante o uso de instrumentos laboratoriais, de métodos matemáticos ou de procedimentos físico-químicos; é preciso utilizar os métodos filosóficos. E, para galgar mais um degrau, é necessário contar com a religião, que abre horizontes e panoramas insuspeitados àquele que só contava com as conquistas racionais.

No entanto, apesar de todo o seu mérito e de todas as suas potencialidades positivas, a ciência foi utilizada muitas vezes com o propósito de desqualificar a religião. Como se procurou mostrar, a contraposição desses elementos é algo forçado — um falso conflito — que se deve muito mais a posições preestabelecidas (cientificismo, racionalismo etc.) do que a uma conclusão científica. Para aquele que se aproxima do tema desarmado de preconceitos, não há dúvida de que a ciência bem feita conduz a Deus.

Se tivermos em conta este fato, não há por que afligir-se diante de problemas imaginários que um dia poderão ser levantados pela ciência: *E se* houver vida em outras galáxias? *E se o* homem sintetizar a vida em laboratório? *E se* descobrirmos que existe o hiperespaço? *E se* for demonstrado que o homem veio do macaco? E mil e um outros *e se...* Calma; em primeiro lugar, é preciso que os *e se* se concretizem, e só então valerá a pena aplicar e gastar a nossa inteligência para encontrar uma solução adequada para o problema levantado. E desde já podemos ficar tranquilos, porque é contraditório e portanto impossível que Deus, ao criar o universo, tivesse colocado nele uma prova da sua não-existência, ou que, incoerentemente, tivesse escrito coisas incompatíveis nesses dois livros de que é autor: a Sagrada Escritura e o grande livro da Natureza.

A este propósito, Mons. Escrivá recorda-nos que qualquer incompatibilidade é aparente: "Se o mundo saiu das mãos de Deus, se Ele criou o homem à sua imagem e semelhança (Gn 1, 26) e lhe deu uma chispa da sua luz, o trabalho da inteligência — mesmo que seja um trabalho duro — deve desentranhar o sentido divino que já naturalmente têm todas as coisas [...]. Não podemos admitir o medo à ciência, porque qualquer trabalho, se for verdadeiramente científico, conduz à verdade. E Cristo disse: *Ego sum veritas* (Jo 14, 6), Eu sou a verdade".[41]

Quando houver coisas que não entendamos, quer na ciência quer na religião, ou não soubermos rebater os argumentos que muitos esgrimem, também não há motivo para nos preocuparmos. Na maioria dos casos, existe uma solução: estudar, ler e informar-se, pois para muitas coisas já existem explicações satisfatórias. Em alguns casos, a solução pode ser complicada e exigir o domínio conjunto de conhecimentos científicos, históricos, filosóficos e até teológicos para a sua compreensão e para a harmonização de pontos de vista aparentemente contraditórios. Seria o caso, por exemplo, das teorias sobre a gênese do Universo, a origem da vida, do ser humano e outros. Precisamente, como vimos, a maioria dos equívocos surge quando se tem um bom domínio dos conceitos científicos, e um amplo desconhecimento dos conceitos metafísicos ou religiosos.

De qualquer forma, a solução existe, e não devemos esquecer-nos nunca de que Deus, o Universo e tudo o que nele há, excedem de longe a nossa capacidade de compreensão, que é bem limitada; querer entender tudo racionalmente é uma disfarçada pretensão de ser igual a Deus. *Um Deus* (com todas as suas criaturas e todos os seus planos) *que coubesse na nossa cabeça seria demasiado pequeno*; *não seria Deus*.

Por outro lado, a ciência não substitui a dimensão religiosa, que é uma aspiração legítima de cada homem, e que nos conduz a certezas firmes sobre verdades fundamentais para todo o ser humano: o sentido da sua existência, a relação com Deus e com o próximo, o modo adequado de convivência em sociedade, o seu destino após a morte, soluções das quais dependem o equilíbrio mental, a serenidade, a realização e a felicidade já nesta vida.

Para aquele que crê, a fé não é algo que se intrometa ou prejudique a tarefa científica que desenvolve como trabalho profissional ou como simples interessado nas conquistas científicas. Pelo contrário, é algo que lhe fornece um rumo certo e uma base segura para fazer ciência, como apontou Jaki. Mais ainda, não distorce a realidade ao caminhante, mas acrescenta-lhe uma terceira dimensão, como acontece a quem atinge o topo de uma montanha e passa a ter uma nova perspectiva dos mesmos lugares por onde já tinha passado.

Aquele que diz não ter fé acaba tendo que acreditar cegamente nalguma ciência positiva ou nalgum elemento irracional. A justificativa para essa posição, no entanto, nunca é científica, e, se investigarmos um pouco, encontraremos nessas pessoas causas morais, preconceitos, ideologias ou problemas pessoais.

Por outro lado, é muito eloquente e dolorosa a experiência dos que procuram a solução para os seus problemas abandonando a religião verdadeira. Constata-se na prática que, por fim, levados por um "imperativo místico interior", acabam caindo em mil sucedâneos, que mais desorientam e criam problemas do que solucionam qualquer coisa: ocultismo, zen, ioga, trilogia analítica, pro vita, espiritismo, e... a célebre religião do "invente você mesmo". Assim, Ernest Mach afirma que depois da morte "nos resolveremos numa massa de moléculas nebulosa e mística"[42]. Para ele, que afirma não ser o cristianismo suficientemente racional, as moléculas adquirem um significado místico.

A harmonia entre ciência e fé pode ser perfeitamente estabelecida em cada problema concreto, e as possíveis dúvidas podem ser resolvidas satisfatoriamente. Quem não quer ver, no entanto, sempre encontrará os seus argumentos e contra-argumentos para manter a sua posição empedernida. É a cegueira voluntária, tão bem descrita no capítulo IX do Evangelho de São João, no episódio em que Cristo abre os olhos a um cego de nascença.

Estamos lembrados do texto sagrado: uns fazem de tudo para negar as evidências, para provar que o que aconteceu, na verdade não aconteceu: suspeitam de que a cura seja uma farsa, duvidam de que o curado seja ele mesmo, perguntam-lhe reiteradamente como foi que aquilo aconteceu, pois não podia ter acontecido; chamam os pais do ex-cego para tentar extrair deles o que querem ouvir; discutem entre si, procurando concluir que se trata de um impossível; ameaçam com a expulsão quem disser a verdade; lançam calúnias e difamações e um mar de lixo em cima daquele que fizera o milagre; e, com tudo isso, acabam numa obstinada cegueira.

Em contraposição, o outro, o que era cego, além de obter a visão corporal, conseguiu enxergar horizontes e paisagens de insuspeitável beleza, por ter acreditado nAquele que é a Luz do mundo. A cena termina com um diálogo que serve como recomendação para todos nós, diante de problemas para os quais a ciência não tem resposta e a inteligência não encontra explicação. É o momento da fé, o momento de render-se, como o fez o cego: *"Crês tu no Filho do homem?" Respondeu ele e disse: "Quem é, Senhor, para que eu nele creia?" Disse-lhe Jesus: "Tu o estás vendo, é este que fala contigo". Disse-lhe ele: "Creio, Senhor". E prostrou-se diante dele.*

NOTAS

(1) C. Sagan, *Cosmos*, Francisco Alves, Rio de Janeiro, 1986, pp. 173-176; (2) cf. E. Gilson, *Descartes: Discours de la méthode*, J. Vrin, Paris, 1930, p. 128; (3) R. M. Eaton, *Descartes selections*, Scribners, Nova York, 1927, p. 44; (4) Cf. *Ibidem*, p. 33; (5) Cf. E. Gilson, *La unidad de la experiência filosófica*, Rialp, Madri, 1973, p. 174; (6) *Ibidem*, p. 175; (7) Colin Mc Evedy, *Atlas da história antiga*, Verbo-Edusp, 1961, p. 3; (8) Stephen Hawking, *Breve história do tempo*, Rocco, Rio de Janeiro, 1988, p. 195; (9) Cf. Louis de Broglie, *Discurso pronunciado na Sorbonne*, 23-IX-1946, centenário da descoberta de Netuno; (10) *História geral das civilizações. O século XVIII*, Difel, São Paulo, 1961, p. 39; (11) Isaac Newton, *Optics*, III, 1, 28, in *Great Books of the Western World*, Encyclopaedia Britannica, Londres, 1977, v. 34, pp. 528-529; cf. também *Newton*, Abril Cultural, São Paulo, 1983, pp. 39-40; (12) *Ibidem*; (13) E. Gilson, *De Aristóteles a Darwin, y vuelta*, EUNSA, Pamplona, 1976; (14) Cf. Laplace,

Théorie analytique desprobabilités, Paris, 1820, p. II-III; (15) Cf. Henri Poincaré, *Últimos pensamentos*, Garnier, Rio de Janeiro-Paris, 1924, pp. 3-4; (16) W. Shakespeare, *The complete works*, Wells e Taylor, Clarendon Press, Oxford, 1990, p. 662; *Hamlet*, ato I, cena 5; (17) São Tomás, *Exposição sobre o Credo*, Presença, Rio de Janeiro, 1975, p. 19; (18) Louis de Broglie, *Continu et descontinu enphysique moderne*, Albin Michel, Paris, 1941, p. 84; (19) Meyerson, *L'explication dans les sciences*, Payot, Paris, 1921, pp. 589 e 630; (20) Stéphane Mallarmé, *Igitur*; (21) A. Einstein e L. Infeld, *A evolução da física*, Zahar, Rio de Janeiro, 1966, p. 235; (22) A. Comte, *A general view of positivism*, Routledge, Londres, 1908, p. 40; (23) *Ibidem*, pp. 303-304; (24) A. Comte, *Catecismo positivista*, Abril Cultural, São Paulo, 1982, prefácio; (25) J. Stuart Mill, *Auguste Comte and positivism*, Trubner, Londres, 1865, final. (26) Joelmir Beting, *Na prática a teoria é outra*, s. d.; (27) Citado em Blackwood et al., *Física na escola secundária*, Ed. MEC, 1962, p. 3; (28) Guimarães Rosa, *Correspondência com seu tradutor italiano Edoardo Bizzarri*, T. A. Queiroz, São Paulo, 1981, p. 58; (29) T. S. Eliot, *Choruses from the Rock*, I, in *Collected Poems*, Harcourt Brace Jovanovitch, San Diego-New York, 1971; (30) A. Einstein e L. Infeld, *op. cit.*, p. 52; (31) Max Planck, *Initiations à la physique*, Flammarion, Paris, 1941,

p. 172; (32) Louis de Broglie, *O futuro da física*, in *Para além da ciência*, Tavares Martins, Porto, 1966, p. 32; (33) Claude Bernard, *Leçons sur les phénomènes de la vie communs aux animaux et aux végétaux, 3*. Vrin, Paris, 1966, 1ª lição, *infine*; (34) Citado por Evandro Agazzi, *A ciência e os valores*, Ed. Loyola, São Paulo, 1977, p. 141; (35) Cf. Josemaria Escrivá, *Caminho*, 14ª ed., Quadrante, São Paulo, 2023, n. 279; (36) C. Sagan, *op. cit.*, p. 188; (37) Stephen Hawking, *op. cit.*, p. 20; (38) Citações extraídas do folheto *Gott existieri*, reproduzidas em *Pergunte e Responderemos*, ano XXIX, n. 316, setembro de 1988; (39) S. S. Jaki, *The road of science and the ways to God*, The University of Chicago Press, 1980; (40) Cf. Louis de Broglie, *Sábios y descubrimientos*, Espasa-Calpe, Buenos Aires, 1952, pp. 48 e 289; (41) Josemaria Escrivá, *É Cristo que passa*, 7ª ed., Quadrante, São Paulo, 2024, n. 10; (42) Ernest Mach, *The science of mechanics*, p. 559.

Direção geral
Renata Ferlin Sugai

Direção de aquisição
Hugo Langone

Produção editorial
Juliana Amato
Gabriela Haeitmann
Karine Santos
Ronaldo Vasconcelos
Roberto Martins

Capa e diagramação
Karine Santos

ESTE LIVRO ACABOU DE SE IMPRIMIR
A 15 DE AGOSTO DE 2024,
EM PAPEL OFFSET 90 g/m².